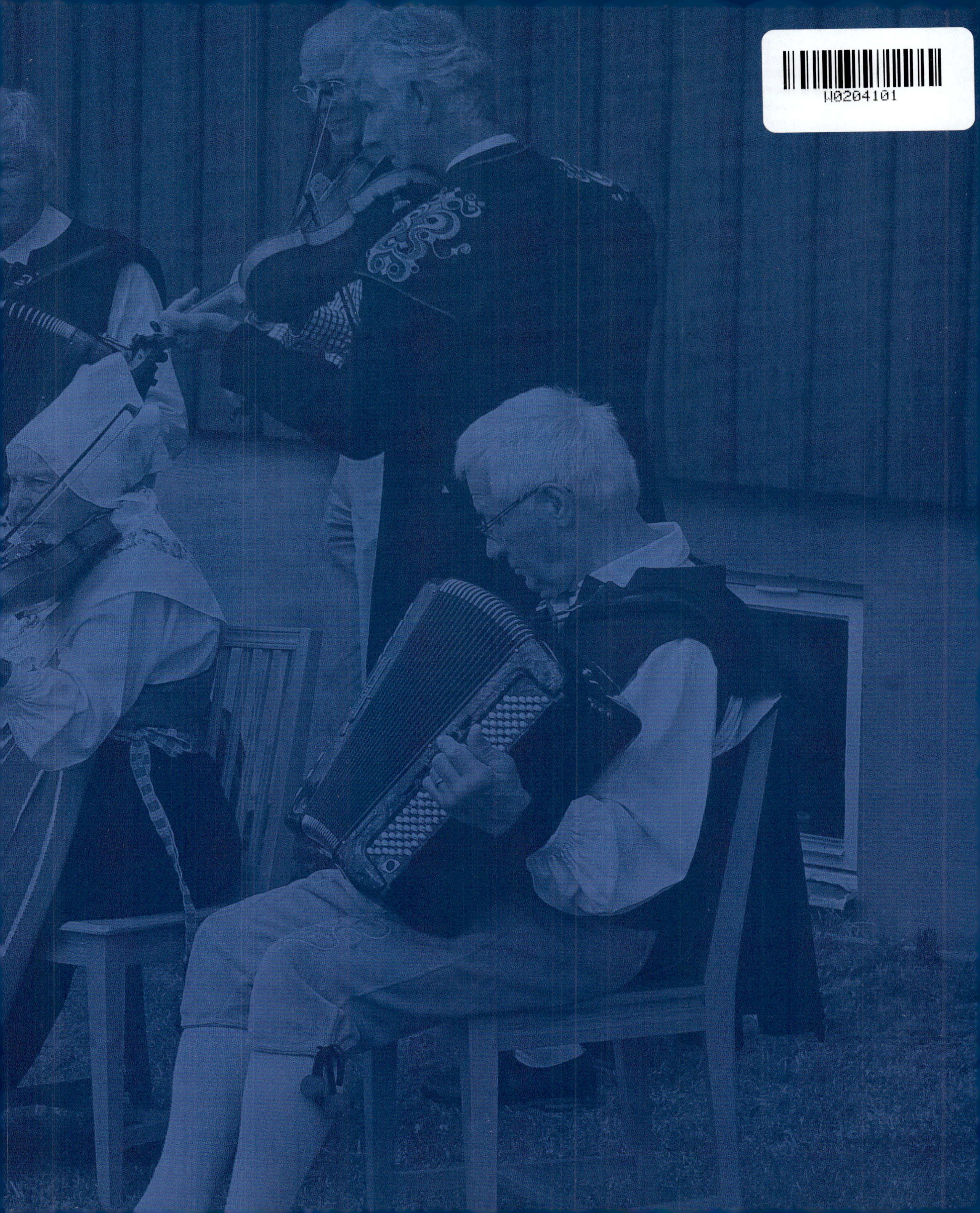

Best of SCHWEDEN

66 Highlights

Bilder und Texte von
Matthias Riekens

Stürtz

Blick auf den Hafen des Stockholmer Stadtteils Östermalm mit seinen alten Fischerbooten und sportlichen Yachten. Von seinem Ruf als Stadtteil der Wohlhabenden künden die repräsentativen Gründerzeitfassaden am Strandvägen.

Best of
SCHWEDEN
66 Highlights

Erste Seite:
So stellt man sich Schweden vor: Rote Häuser mit weißen Fensterrahmen in Tällberg (Gemeinde Leksand) in der Provinz Dalarna.

SCHWEDEN – BLICK IN EIN TRAUMLAND 12

VON MALMÖ NACH SMÅLAND – DER SÜDEN 22

1 Öresundbrücke 24
2 Malmö 25
3 Falsterbo 26
4 Küstenstraße 29
5 Ales Stenar 30
6 Schloss Glimmingehus 31
7 Kullaberg 32
8 Helsingborg 34
9 Lund 35
10 Bosjökloster 36
11 Listerlandet 38
12 Ronneby 39
13 Karlskrona 40
14 Visby 43
15 Borgholm und Victoriadagen 45
16 Öland – der Norden 47
17 Öland-Museum Himmelsberga 48
18 Öland – der Süden 49
19 Kalmar 50
20 Åsnen-Nationalpark 52
21 Alte Kirche von Jät 53
22 Smålands Schärengarten 54
23 Eksjö 56
24 Astrid Lindgrens Värld 58
25 Streichholzmuseum 60
26 Glasbläserei 61
27 Tylösand 62
28 Göteborg 64
29 Marstrand 67
30 Westküste 69
31 Smögen 71
32 Tanum 72
33 Kosterhavet-Nationalpark 75

Der Leuchtturm „Kullens fyr" (das Feuer des Kullabergs) an der Westküste der Region Skåne wirft sein Licht weit hinaus auf das Wasser des Kattegats.

Pure Idylle im Naturreservat Matvik: Ein lieblicher Schärengarten erwartet die Besucher der südschwedischen Landschaft Blekinge.

STOCKHOLM – DIE SCHÖNE ZWISCHEN MÄLAREN UND OSTSEE 76

34 **Altstadt Stockholm** 78
35 **Königliches Schloss** 81
36 **Wachablösung** 82
37 **Riddarholmskyrkan** 83
38 **Östermalm** 87
39 **Junibacken** 88
40 **Gröna Lund** 89
41 **Vasa Museet** 91
42 **Skansen** 93
43 **Stockholmer Schärengarten** 97

URSPRÜNGLICHES MITTELSCHWEDEN 98

44 **Trollhättan** 100
45 **Tiveden-Nationalpark** 101
46 **Stabkirche Hedared** 102
47 **Eisfischen** 103
48 **Vänern** 104
49 **Aquädukt von Håverud** 105
50 **Örebro** 107
51 **Vadstena** 109
52 **Götakanal** 111
53 **Linköping** 112
54 **Norrköping** 113
55 **Nyköping** 114
56 **Trosa** 115
57 **Mariefred** 116
58 **Midsommar** 119
59 **Rättvik** 120
60 **Tällberg** 121
61 **Carl-Larsson-Haus in Sundborn** 123
62 **Falun** 124
63 **Kiruna** 125

MEHR ALS NUR NATUR – DER NORDEN 126

64 **Arvidsjaur** 129
65 **Jokkmokk** 131
66 **Muddus-Nationalpark** 132

Register 134
Karte 135
Impressum 136

In der Provinz Dalarna werden die Traditionen noch in besonderer Weise gepflegt – so präsentieren zum Beispiel die Frauen von Rättvik zu den Festlichkeiten des Mittsommerfestes stolz ihre prächtigen Trachten.

Midsommar-Stimmung am Dalälven in Dalarna. Zur Zeit der Mitternachtssonne sind die Tage lang und die Nächte kurz.

SCHWEDEN – BLICK IN EIN TRAUMLAND

Als vor ungefähr 12 000 Jahren die ersten Menschen nach Schweden einwanderten, war das Land noch von Schnee und Eis bedeckt. Zweitausend Jahre später endete die Eiszeit. Schnee und Eis zogen sich zurück. Nachdem der Druck auf das Land nachließ, begann es sich langsam zu heben. Diese Landhebung setzt sich bis heute fort. Immer noch heben sich unterschiedliche Regionen des skandinavischen Landes um 0,5 bis 1,0 Zentimeter im Jahr. Mit dem Rückzug des Eises und dem Aufstieg des Landes aus dem Meer kamen Fischer und Jäger nach Schweden. Jahrtausendealte Skelettfunde und der Fund einer Siedlung in der Nähe von Alvesta am Vätternsee, die Archäologen in die Zeit vor 4000 bis 5500 Jahre datieren, belegen, dass zu der Zeit bereits Ackerbau und Viehwirtschaft in Schweden Einzug gehalten hatten.

Interessante Einblicke in die Zeit vor etwa 3000 Jahren geben die vielen Felszeichnungen aus dieser Epoche. An mehreren Orten des Landes sind diese Zeitzeugen zu

Schwedische Idylle im Schärengarten vor den Toren der Hauptstadt Stockholm. Circa 24 000 Inseln und Inselchen mit ihren roten Häuschen und bewaldeten Felsen bilden die größte Inselgruppe des Landes in der Ostsee.

Nationalflagge

Fläche:
447435 km²

Einwohner:
über 10 Millionen

Hauptstadt: *Stockholm*

Regierungssitz: *Den Haag*

Regierungsform:
Parlamentarisch-demokratische Monarchie

Währung:
1 Schwedische Krone (SEK) = 100 Öre

Nationalfeiertag:
6. Juni

Zu Schweden gehören über 220 000 Inseln und Inselchen, die größte davon ist Gotland mit 2994 km².

Größter See:
Vänern mit 5519 km²

Höchster Berg:
Kebnekaise mit 2105 m

Längster Fluss:
Klarälven mit 460 km

Schwedens Natur ist in 30 Nationalparks geschützt. Der in Schweden häufig vorkommende Elch ist die größte heutige Hirschart.

Man erwartet, dass jeden Augenblick die Tür aufgeht und der Knecht Alfred mit Michel an der Hand erscheint. Das Knechtshaus auf dem Michelhof in Gibberyd in Småland, das den meisten Urlaubern aus den Erzählungen von Astrid Lindgren bekannt ist.

finden. Die Bekanntesten finden sich bei Tanum an der schwedischen Westküste. Sie erzählen von der Liebe, der Jagd und dem Leben der Menschen damals. Durch die Felsritzungen haben die Jäger und Sammler, Ackerbauer und Viehzüchter der Eisenzeit einen bleibenden Eindruck in der schwedischen Geschichte hinterlassen.

ZEIT DER WIKINGER

Besonders prägend für Schweden war die Zeit der Wikinger von circa 800 bis 1100 nach Christus. Auch wenn es nur gut 300 Jahre waren, so schrieb dieses Volk während dieser kurzen Phase nachhaltige Geschichte. Durch ihre mutigen Handels- und Erkundungsreisen, aber auch durch verheerende Raubzüge, die die Wikinger durch ganz Europa bis nach Russland und wahrscheinlich auch bis nach Amerika brachten, erhielten diese Nordmänner und -frauen einen festen Platz in der Weltgeschichte. Den Fokus nur auf die kriegerischen und plündernden Taten der schwedischen Wikingervölker Svear und Götar zu legen, wäre jedoch zu oberflächlich. Vielmehr nahm der Handel einen wichtigen Teil im Leben der Wikinger ein. So entwickelte sich einer der wichtigsten Handelsplätze des Nordens auf der Insel Björkö im Mälarsee östlich von Stockholm. Birka, so der Name der Wikingersiedlung, war wohl schon im Jahr 800 n. Chr. ein zentraler Ort im Svearreich. Birka gilt als älteste Stadt Schwedens. Zur Blütezeit lebten hier dauerhaft 2000 Menschen. Heute ist Birka Weltkulturerbe der UNESCO und kann besichtigt werden.

Langsam einte sich das Reich. Im 10. Jahrhundert wurden die ersten gesamtschwedischen Könige aus dem Stamm der Svear gewählt. Man nimmt an, dass es wohl König Olaf III. Skötkonung war, der um das Jahr 1000 die Einigung des Landes vollendete. Mit seiner Taufe und der Annahme des Christentums nach römischer Prägung stellte er die Weichen zu einer Ausrichtung nach Westeuropa. Mit der Christianisierung verschwanden die Wikinger. Nun prägte mehr und mehr der christliche Glaube den Alltag von König und Volk. Überall im Lande wurden Kirchen errichtet und in Skara wurde der erste Bischofssitz gegründet.

UNRUHIGE ZEITEN

Doch durch immer wiederkehrende Streitigkeiten um Herrschaft und Thron blieben es unruhige Zeiten. Im Jahr 1397 trat die Kalmarer Union in Kraft. Mit der Vision einer Vereinigung der Königreiche Dänemark, Norwegen und Schweden zog Dänemarks Königin Margarethe I. auch die schwedischen Aristokraten auf ihre Seite, die der Herrscherin der Dänen dann auch zum schwedischen Thron verhalfen.

Bis 1521 hielt dieses Bündnis. Mit Gewalt wollte der Dänenkönig Christian II. schon im Jahre 1520 diese Einheit manifestieren. Im Zuge dessen ließ er unter schwedischen Adeligen ein Blutbad auf dem Stockholmer Stortorget anrichten. Das führte zum Aufstand der Schweden unter Gustav Vasa. Dieser wurde im Jahr 1523 zum König von Schweden gewählt und läutete die erfolgreiche Zeit der Vasa-Dynastie ein.

Unter Gustav II. Adolf war Schweden „die“ Großmacht. Im Dreißigjährigen Krieg hatte Schweden siegreiche Heere in Polen, Russland, Deutschland, Österreich und im Baltikum stehen. Der König selbst fiel jedoch in der Schlacht von Lützen 1632. Unter seiner Tochter Königin Kristina wurde der Krieg weitergeführt und man gewann unter anderem Jämtland, Gotland, Bremen, Stettin und Rügen dazu. Den Anfang vom Ende der Vormachtstellung besiegelte der Feldzug Karls XII. von Schweden gegen

Der Ballsaal „Vita Havet“ (Weißes Meer) im königlichen Schloss Stockholm, der heute für Empfänge genutzt wird. Der imposante Prachtbau beherbergt die Büros der königlichen Familie und wird zu Repräsentationszwecken genutzt. Wohnsitz des Königs und seiner Familie ist das Schloss Drottningholm.

Russland, bei dem er entscheidend geschlagen wurde. Die Macht des Königs wurde immer mehr eingeschränkt, das Ständeparlament wurde stärker.

BLÜTEZEIT

Im 18. Jahrhundert erlebten Wirtschaft, Wissenschaft und Kultur eine Blüte. König Gustav III. förderte, bis zu seiner Ermordung auf einem Maskenball in der Stockholmer Oper 1792, die schönen Künste. Sein Nachfolger wurde sein noch unmündiger Sohn Gustav IV. Adolf, zunächst unter der Vormundschaft seines Onkels Karl XII. 1809 wurde dieser abgesetzt und später des Landes verwiesen. Daraufhin bestieg Karl XIII. den Thron. Nach dem Tod seines leiblichen Sohnes adoptierte er 1811 den Franzosen Jean Baptiste Bernadotte, ein Heerführer Napoleons. 1814 bestieg dieser dann den schwedischen Thron. Seitdem sitzt dort das Geschlecht der Bernadotte.

VOLKSNAHE MONARCHIE

Heute ist Schweden eine konstitutionelle Monarchie mit dem Staatsoberhaupt König Karl XVI. Gustav, der seit 1973 im Amt ist. Seine Tochter Victoria steht aber schon in den Startlöchern und es sieht so aus, als ob die Kronprinzessin mit ihrer volksnahen Art die Herzen ihrer Landsleute auch zukünftig gewinnen und dafür sorgen wird, dass Schweden seine Monarchie behält.

GEOGRAFISCHES

Mit einer Gesamtfläche von fast 450 000 Quadratkilometern, die von zehn Millionen Einwohnern bewohnt wird, ist Schweden ein relativ dünn besiedeltes Land. Die meisten Menschen wohnen im Süden des Landes. Die Hauptstadt Stockholm ist die größte Stadt, in der und deren Umland circa eine Million Menschen wohnen. Der größte See Schwedens ist der Vänern mit beeindruckenden 5519 Quadratkilometern im Süden des Landes. Der Kebnekaise im hohen Norden ist mit 2105 Metern der höchste Berg Schwedens. Die größte Insel wiederum ist Gotland mit 2994 Quadratkilometern.

LIEBENSWERTE EIGENHEITEN

So wie jedes europäische Volk haben auch die Schweden ihre Eigenheiten, das lässt sich schon anhand des Brotes beweisen: Haben die Franzosen ihr Weißbrot, die Deutschen ihr Schwarzbrot, so beißen die Schweden unerschrocken in krachende Scheiben: in Knäckebrot. Fünf Kilogramm im Jahr isst der Durchschnittsschwede „Svensson“. Die zweite Leidenschaft der Skandinavier ist Kaffee: Diesen trinkt der Schwede, solange er wach ist, und erstaunlicherweise kann er schlafen, obwohl er noch spät am Tag davon zu sich genommen hat. Nur die Finnen sollen noch mehr des dunklen Getränkes vertragen. In den Cafés und Gaststätten Schwedens trägt man dieser Leidenschaft Rechnung: Man zahlt eine Tasse, das Nachfüllen ist „gratis“.

Und nie sollte man vergessen, „tack“ zu sagen. Dieses Wort und seine Verwandten bilden eine Besonderheit im sprachlichen Umgang miteinander. In Schweden dankt man nämlich immer für alles. Man dankt für das Essen (tack för maten), man bedankt sich für die angenehme Gesellschaft (tack för sällskapet), für Aufmerksamkeiten und wenn man etwas ausgeliehen hat (tack för lånet). Sogar, wenn man jemanden auffordert etwas zu tun, stellt man ein Dankeschön voran. Man verwende dieses kleine Wörtchen „tack“ also lieber einmal zu viel als zu wenig!

Die Schweden lieben ihre Natur: Sie verbringen mit Begeisterung den Sommer in ihren Landhäusern, oft ohne großen Komfort. Ihre Natur gönnen sie aber auch jedem

Der Rökstenen steht neben der Kirche von Rök in der Region Östergötland. Mit seinen über 750 Schriftzeichen gehört der über 3,80 Meter hohe Runenstein zu Schwedens eindrucksvollsten Zeugnissen aus der Wikingerzeit.

anderen: Das einzigartige „allemansrätten", das „Jedermannsrecht" besagt, dass jedermann sich frei in der Natur bewegen darf, selbst wenn Wald oder Seeufer Privatbesitz sind. Was nicht bedeutet, dass man sein Zelt ungefragt zwischen den Vorgartenbeeten aufstellt – ein vernünftiger Umgang mit dieser Freiheit, sich überall aufhalten zu dürfen, wird vorausgesetzt. Und dann genieße man einfach einen wunderbaren schwedischen Sommertag in der einzigartigen Natur des Landes!

Wanderweg im Muddus-Nationalpark. Mittlerweile gibt es in Schweden über 30 Nationalparks. Der Muddus liegt in Lappland und ist mit etwa 500 Quadratkilometern der viertgrößte des Landes.

Zahlreiche Schiffe liegen im Hafen von Trosa, einem kleinen reizvollen Ort in der Provinz Södermanland. In vielen Filmen der ZDF-Serie von Inga Lindström ist Trosa mit seinen idyllischen Häusern und dem Kanal eine beliebte Kulisse.

Bunte Bootshäuschen vor grauem Granit – das Fischerdörfchen Smögen an der Westküste der Provinz Bohuslän gehört zu den beliebtesten Ausflugszielen. Aber auch der Fischfang spielt hier noch eine Rolle.

Das Wasserschloss Vadstena am Vättersee in Östergötland wurde hauptsächlich im 16. Jahrhundert auf Veranlassung von Gustav Vasa errichtet. Heute beherbergt die Renaissanceburg unter anderem das Landesarchiv.

Kosterhavet ist Schwedens erster Meeresnationalpark und liegt kurz vor der Grenze Norwegens im Skagerrak. Vom Hafen zwischen den Inseln Nord- und Südkoster aus kann man Ausflüge in die faszinierende Wasserwelt unternehmen.

VON MALMÖ NACH SMÅLAND – DER SÜDEN

Langsam schiebt sich die Fähre zwischen den mächtigen Pfeilern der Öresundbrücke hindurch. Einige Passagiere sind an Deck gekommen und betrachten staunend das imposante Bauwerk. Vor dem Bug des Schiffes wird die Silhouette Malmös sichtbar. Der „Turning Torso", das modernste Bauwerk der Stadt, grüßt die Reisenden schon von Ferne. Wer von Süden nach Schweden reist, ist vielleicht zunächst überrascht: Skåne, wie die südlichste Region des Landes genannt wird, ist geprägt von der Landwirtschaft. Schon Selma Lagerlöf ließ ihren Nils Holgersson beim Flug mit den Wildgänsen erstaunt ausrufen: „Was ist das für ein gewürfeltes Tuch über das wir hinwegfliegen?" Nicht umsonst wird die Landschaft Skåne als „Kornkammer" des Landes bezeichnet.

TRAUMINSELN

Weiter östlich liegen die beiden traumhaft schönen Inseln Öland und Gotland. Öland gilt als Sonneninsel. Hier werden die meisten Sonnenstunden des Landes gemessen. Der etwas schroffe Norden und der liebliche Süden sind so schön, dass sogar die Königsfamilie jedes Jahr einen Teil ihres Urlaubs hier verbringt. Neben dem neuzeitlichen königlichen Sommerschloss finden sich hier zahlreiche Spuren der Wikinger und viele Zeitzeugen aus dem Mittelalter. Grandiose Sandstrände, eine herausragende Fauna und Flora und faszinierende Sehenswürdigkeiten machen einen Besuch der Insel unvergessen.

Wer Gotland besucht, taucht ein in eine längst vergangene Zeit. In Visby trifft man auf viele Zeugnisse aus der

Impressionen aus Südschweden: Der Åsnen-Nationalpark ist der Jüngste der dreißig Nationalparks in Schweden (oben). Von links nach rechts: Das Fischerdörfchen Grundsund an der Westküste der Region Bohuslän. Der Bauernhof in Gibberyd diente als Kulisse für die beliebten Michelfilme. Abendstimmung auf Öland in der Nähe von Djupvik.

Grundsund

Gibberyd

Öland

Hansezeit. Eine über drei Kilometer lange Stadtmauer, jahrhundertealte Gebäude und eine eindrucksvolle Mittelalterwoche machen die Stadt zu einem reizvollen Reiseziel. Attraktionen ganz anderer Art findet man an verschiedenen Plätzen im Nordosten der Insel. Hier haben Zeit, Wetter und Wellen besondere Sehenswürdigkeiten aus Kalkstein geschaffen: die Raukar.

FASZINIERENDE FELSLANDSCHAFT

Doch nicht nur der Osten ist reizvoll, ebenso sehenswert und eindrucksvoll ist der Westen Schwedens. Seien es die langen, weißen Sandstrände der Region Halland oder die atemberaubend schöne Schärenlandschaft an der Küste der Region Bohuslän. Eine Tour durch die faszinierende Felsenlandschaft mit den vielen idyllischen Fischerdörfern gehört unbedingt zu einer Schwedenreise.

Skåne stand in den vergangenen Jahrhunderten oft unter dänischer Herrschaft, man findet noch viele Zeugnisse aus jener Zeit. Schroffe Küstenabschnitte, traumhafte Sandstrände, jahrhundertealte Schlösser und Herrenhöfe wechseln sich ab mit geschichtsträchtigen Burgen und Kirchen.

In Småland im Südosten des Landes entstanden die vielen lustigen Geschichten und spannenden Abenteuer, die uns Astrid Lindgren so liebevoll erzählt hat. Sie beschreibt die Landschaft mit ihren roten Bauernhäusern und tiefen Wäldern so eindrucksvoll, dass sie zum Inbegriff purer Schwedenidylle geworden ist.

GPS: 55° 34' 37" N, 12° 49' 25" O

1 Öresundbrücke

1995 begannen die Bauarbeiten für dieses Milliardenprojekt, am 1. Juli 2000 wurde die 16 Kilometer lange Verbindung feierlich vom dänischen Kronprinzen Frederik und der Kronprinzessin Victoria von Schweden eröffnet. Das Bauwerk besteht aus einer künstlich errichteten Insel, die 4055 Meter lang ist, einem 3510 Meter langen Tunnel und der 7845 Meter langen Brücke. Das imposante Meisterstück baulicher Ingenieurskunst verbindet Dänemark und Schweden und ist ein belebendes Element für Wirtschaft und Tourismus beider Länder.

1: Die Öresundbrücke ist ein beeindruckendes, über 200 Meter hohes Bauwerk.
2: Mit der Reederei Finnlines geht es von Travemünde nach Malmö.

www.oresundsbron.com

1

2

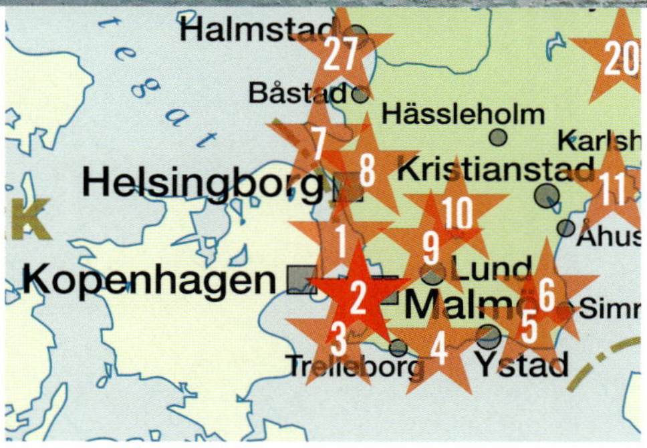

GPS: 55° 36' N, 13° 0' O

2 Malmö

Malmö ist die Hauptstadt der geschichtsträchtigen Region Skåne. Mit circa 350 000 Einwohnern ist sie drittgrößte Stadt des Landes. Die ersten Menschen besiedelten die Gegend wahrscheinlich schon 10 000 Jahre vor Christus. Zu Beginn des 12. Jahrhunderts wird Malmö (Sandinsel) erstmals schriftlich erwähnt und ein Freihandelsbrief aus dem Jahr 1275 weist es als Stadt aus. Immer wieder wechselte das Besitzrecht auf Grund von kriegerischen Auseinandersetzungen zwischen Dänemark und Schweden. Letztlich wurde Malmö durch den Frieden von Roskilde schwedisch. Die Stadt am Öresund wurde zu einer Garnisonsstadt mit Wallgraben und Stadtmauer umgebaut. Im 18. Jahrhundert verhinderten Kriege und der Ausbruch der Pest eine schnelle wirtschaftliche Entwicklung. Mit dem Ausbau des Hafens im Jahre 1775 kam dann ein enormer Aufschwung und Malmö wuchs schneller als andere Städte des Landes. Heute ist Malmö eine der bedeutendsten Industriestädte Schwedens.

Das Wahrzeichen ist der „Turning Torso". Der von dem Architekten Santiago Calatrava entworfene und im Herbst 2005 vollendete Bau ist mit 190 Metern das höchste Gebäude Schwedens. Bei einem Spaziergang begeistert die Altstadt „Gamla stan" mit ihren historischen Gebäuden, mit dem sehenswerten großen Marktplatz „Stortorget" und den vielen besuchswerten Restaurants und Cafés. Es lohnt sich außerdem einzutauchen in ein pulsierendes Nachtleben mit vielen angesagten Kneipen und Pubs.

3: Der Turning Torso ist das Wahrzeichen der Stadt Malmö.

4: Der Hafen hat eine wichtige wirtschaftliche Bedeutung für Schwedens drittgrößte Stadt.

www.visitsweden.com/malmo/

GPS: 55° 24' N, 12° 52' O

3 Falsterbo

30 Kilometer südlich von Malmö liegt das Badeparadies der Halbinsel Falsterbo. Traumhafte weiße Sandstrände und sauberes Wasser laden ein zu einem besonderen Badevergnügen. Das gleichnamige kleine Örtchen liegt idyllisch am Meer und bezaubert mit seinen Fachwerkhäusern und einer weißen Kirche, die von der Anhöhe auf das Meer blickt. Hier findet man sein ganz persönliches Plätzchen, an dem man ungestört ein Sonnenbad nehmen kann. 1754 wurden die ursprünglich eigenständigen Städte Skanör und Falsterbo zusammengelegt und heißen heute Skanör med Falsterbo. Beide gehören zu den ältesten Städten Schwedens.

In dem kleinen Museum des Ortes bekommt man einen Eindruck von dem Leben, wie es hier auf der Halbinsel in der Vergangenheit stattfand. Funde aus dem Mittelalter, ein Schulsaal von 1900, eine alte Kupferschmiede, Naturhistorisches über die Fauna und Flora und vieles mehr können bestaunt werden.

Die Region Skåne ist zudem bekannt für ihre hervorragenden Pferdezuchten. Alljährlich Anfang Juli blickt die Reitsportwelt nach Falsterbo, wenn dann das hochwertig und international erstklassig besetzte Reitturnier „Falsterbo Horse Show“ stattfindet.

1: Die Geschichte der gotischen St.-Gertrud-Kirche reicht bis ins 14. Jahrhundert zurück. Sie liegt auf einer kleinen Anhöhe bei Falsterbo.

2: Zur Ortschaft Falsterbo gehören auch ein paar schöne Fachwerkhäuser.

3+4: Falsterbos lange weiße Sandstrände sind an schönen Tagen Anziehungspunkt sowohl für Besucher wie auch für Einheimische.

www.schweden-urlauber.info/falsterbo-skanoer-badeurlaub/

1

2

3

4

1

2

3

GPS: 55° 21' N, 13° 22' O

4 Küstenstraße

Folgt man von Falsterbo der Küstenstraße 9, erschließt sich dem Reisenden eine traumhafte Kulisse mit wunderbaren Ausblicken auf das Meer. Für die Fahrt entlang der Küste von Skåne sollte man sich Zeit lassen. Über 60 Kilometer geht es von West nach Ost, wobei viele interessante Orte zu einem Besuch einladen.

Nordöstlich von Falsterbo wird in dem Wikingerdorf „Höllviken" die Zeit von 800 bis 1150 wieder lebendig. Lebensweise und Kultur der Wikinger werden durch Schausteller und Künstler beeindruckend veranschaulicht. Anfang der 1980er-Jahre wurde der Wikingerort durch Archäologen freigelegt. Alles wurde dann so aufgebaut und rekonstruiert, wie es vor tausend Jahren ungefähr ausgesehen haben muss.

Trelleborg ist die südlichste Stadt Schwedens. Ihre Ringburg wurde erst bei Bauarbeiten Ende der 1980er-Jahre entdeckt. Heute ist sie zu einem Viertel rekonstruiert und gestattet einen Einblick in die Zeit vor rund tausend Jahren.

Das kleine Fischerdörfchen Smygehamn ist der südlichste Ort Schwedens. Der kleine Hafen, von dem früher die Fischer aufs Meer fuhren, wird heute von Hobbyfischern und Freizeitkapitänen genutzt. Der südlichste Punkt des Landes ist Smygehuk, etwa einen Kilometer südwestlich des Dorfes. Hier steht Schwedens südlichster Leuchtturm.

Zu den schönsten Städten in Skåne gehört Ystad. Erstmalig erwähnt wird die Kleinstadt im Jahre 1244. Neben einer historischen Altstadt bietet sie zahlreiche Museen und schöne Sandstrände.

1: Die Küstenstraße eröffnet herrliche Blicke auf Landschaft und Meer.
2: „Herzlich willkommen in Höllviken". Hier kann man in die Welt der Wikinger eintauchen.
3: Der Hafen von Smygehuk ist der südlichste Punkt Schwedens.
4: Der 16 Meter hohe Leuchtturm von Smygehuk dient heute mit seinem Nebengebäude als Jugendherberge.

www.fotevikensmuseum.se

4

GPS: 55° 22' 58" N, 14° 3' 15" O

5 Ales Stenar

Nur einige Kilometer östlich von Ystad, beim kleinen Dörfchen Kåseberga, liegt eine der wichtigsten Sehenswürdigkeiten des Landes: Ales Stenar. Direkt an der Ostsee auf einem Hügel ist diese Steinsetzung um die Zeit 600 n. Chr. errichtet worden. Mit 67 Metern Länge und 19 Metern Breite ist sie die Größte ihrer Art in ganz Skandinavien. Über ihre Funktion ist man sich bis heute im Unklaren – vielleicht ein Gräberfeld, vielleicht ein Sonnenkalender. Imposant ist dieses Zeugnis der Bronzezeit mit 59 Steinen so oder so.

1: Die Steinsetzung Ales Stenar strahlt eine gewisse Mystik aus.
2: Bei Ausgrabungen an der 1400 Jahre alten Steinsetzung sind Grabbeigaben und Menschenknochen gefunden worden.

www.grosssteingraeber.de/seiten/schweden/skane/ales-stenar.php

1

2

GPS: 55° 30' 4" N, 14° 13' 52" O

6 Schloss Glimmingehus

Der mächtige dänische Adelige Jens Holgersen legte am 2. Mai 1499 den Grundstein für Schloss Glimmingehus, der trutzigen Burg zwischen Ystad und Simrishamn. Sie gilt als eine der besterhaltenen mittelalterlichen Burganlagen Skandinaviens. Architekt war der westfälische Bildhauer und Baumeister Adam von Düren (geboren vor 1487, gestorben nach 1532), der auch in Schweden und Dänemark tätig war. Zum Schutz vor Feinden errichtet, musste das rustikale Bauwerk jedoch nie eine kriegerische Auseinandersetzung überstehen. Zwischenzeitlich als Getreidelager zweckentfremdet, befand sich Glimmingehus bis 1924 in Privatbesitz. Seitdem ist der Staat Eigentümer.

Glimmingehus bietet einen hervorragenden Einblick in die Baukunst des Mittelalters und der frühen Neuzeit. Der Wassergraben stammt zwar von einer Restaurierung aus dem 20. Jahrhundert, ist aber auch schon auf früheren Bildern zu sehen. Zur Sommerzeit wird der Burghof mit neuem Leben erfüllt, wenn Schausteller in mittelalterlichen Gewändern Geschichten rund um die Burg wieder aufleben lassen. Ein besonderes Highlight sind die speziellen Führungen durch die Festung, die in den Sommermonaten zu später Stunde angeboten werden und bei denen Gespenster- und Gruselgeschichten erzählt werden.

3: Das hoch aufragende Hauptgebäude der Burg. Mit zweieinhalb Meter dicken Mauern, sollte Glimmingehus vor feindlichen Angriffen schützen. Ihre Standhaftigkeit musste die Burg aber nie unter Beweis stellen.

4: Auch in Schweden war der Block ein gängiges Mittel, um Menschen an den Pranger zu stellen.

www.burgenwelt.org/schweden/glimmingehus/object.php

GPS: 56° 17' N, 12° 30' O

7 Kullaberg

Am äußersten Ende der Westküste Schonens wirft sich der Kullaberg spektakulär ins Meer hinaus. Dieses Fleckchen Erde gehört zu den sehenswertesten Naturschönheiten der ganzen Region. Seit 1971 ist es Naturschutzgebiet. Bizarre Grotten und ausgespülte Schluchten, hohe und schroffe Felsen, die teilweise bis zu 50 Meter senkrecht zum Meer hin abfallen, bilden ein ideales Gebiet für professionelle Kletterer. Am Fuß des Kullaberges liegt das kleine Fischerdorf Mölle, das sich auf Grund seines milden Klimas zu einem beliebten Badeort entwickelt hat.

1: Wind und Wellen haben Furchen und Grotten in den Berg gegraben.
2: Vom Kullaberg hat man eine hervorragende Aussicht auf das Kattegatt.
3: Malerisch liegt Mölle am Fuße des Kullaberges.

www.schwedentipps.se/skane/kullaberg/

1

2

3

GPS: 55° 52' 40" N, 13° 31' 10" O

10 Bosjökloster

Auf einer Halbinsel im Ringsjön, in der Mitte der Region Skåne, liegt das Bosjökloster. Es wird davon ausgegangen, dass hier bereits um das Jahr 1080 ein Kloster gestanden hat. Eine erstmalige, dokumentarisch belegte Erwähnung findet sich einhundert Jahre später im Brief des Papstes Lucius III. aus dem Jahre 1181. Durch die Reformation verlor das Kloster seine Bedeutung. Die Krone beschlagnahmte den gesamten Klosterbesitz. Im Jahre 1560 ging es in Privatbesitz über. Nach einer wechselvollen Geschichte erstrahlt das Bosjökloster seit Ende des 19. Jahrhunderts in seinem heutigen Aussehen. Seit 1962 ist das Anwesen für Besucher geöffnet.

1: Das bis 1658 zu Dänemark gehörende und von Benediktinerinnen geleitete Bosjökloster war im Mittelalter ein sehr angesehenes und sehr reiches Kloster.
2: Die ursprünglichen Grundmauern des Klosters sind noch vorhanden und teilweise im Ostflügel zu erkennen.
3: In der Kirche des Klosters finden sich manche Raritäten.

www.bosjokloster.se

2

3

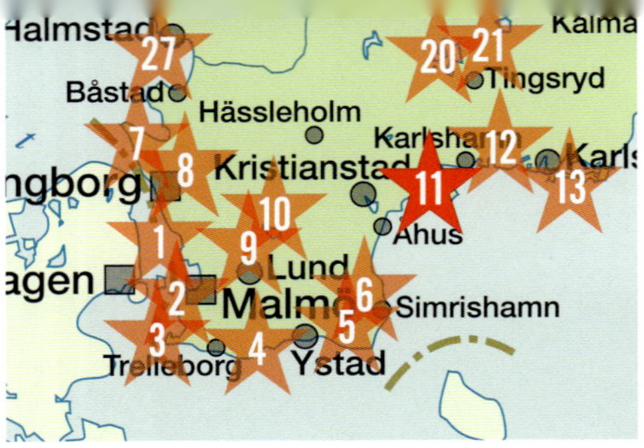

GPS: 56° 2' N, 14° 41' O

11 Listerlandet

Südwestlich von Sölvesborg liegt „Listerlandet" – ein beliebtes Urlaubsgebiet in der Region Blekinge. Man nennt Listerlandet auch den Garten Schwedens mit vielen kleinen Häfen, wunderschönen Sandstränden und verwunschenen Wäldern. Der Schärengarten bietet traumhaft schöne Ausflugsziele auf hunderten von großen und kleinen Inseln mit hübschen Buchten und hervorragenden Badestellen. Das Gebiet ist auch ein gutes Brutrevier für die Vogelwelt.

1: Die Schärenlandschaft vor der Küste Blekinges ist ein Paradies für Wassersportler.
2: Obwohl Blekinge die kleinste Provinz Schwedens ist, ist sie äußerst reizvoll.

www.listerlandet.se/

GPS: 56° 12' 0" N, 15° 16' 45" O

Ronneby 12

Ronneby ist die älteste Stadt in Blekinge. Die meiste Zeit gehörte sie zum dänischen Königreich. Erst mit dem Frieden von Roskilde ging sie 1658 an Schweden. Im 17. Jahrhundert entwickelte sich Handwerk und erste Industrie siedelte sich an. 1705 wurde in der Nähe eine Quelle mit eisenhaltigem Wasser entdeckt, womit die Geschichte des Kurortes Ronneby begann.

3: Die Heilig-Kreuz-Kirche war Schauplatz einer der schrecklichsten Gräueltaten in der Geschichte Schwedens: des „Blutbades von Ronneby". 1564 töteten die Schweden viele Einwohner, die sich dort verschanzt hatten.

4: Ronneby ist ein beliebter Kurort mit einem sehenswerten Kurpark.

www.ronneby.se

3

4

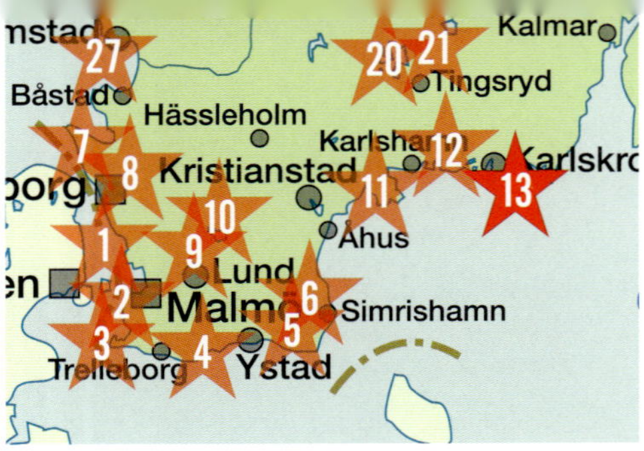

GPS: 56° 9' 37" N, 15° 35' 10" O

13 Karlskrona

Die wunderschöne Hafenstadt wurde 1679 als Marinestützpunkt von König Karl XI. gegründet. Auf dreißig Inseln errichtet, bietet sie zahlreiche Sehenswürdigkeiten, unter anderem die Fredrikskyrkan. Das imposante Bauwerk, entworfen von dem Architekten Nicodemus Tessin dem Jüngeren, wurde 1720 begonnen und 1744 geweiht. Ein weiterer Höhepunkt Karlskronas ist das moderne Marinemuseum, welches 1997 eingeweiht wurde und interessant und ausführlich über die Marinegeschichte Schwedens informiert. Die Historie des Marinemuseums reicht bis 1752 zurück, als König Adolf Fredrik die „Modellkammer" mit vielen Schiffsmodellen eröffnete.

1: Die Fredrikskyrkan steht am Rande des Marktplatzes im Zentrum von Karlskrona.

2: Seit 1998 ist der Marinestützpunkt Karlskrona mit seinen alten Werften und Verteidigungsanlagen Weltkulturerbe der UNESCO.

3: Auch Selma Lagerlöf lässt ihren Nils Holgersson mit seinen Wildgänsen in Karlskrona landen. Liebevoll beschreibt sie dabei die sehenswerte und geschichtsträchtige Stadt.

4: 1685 wurde die Admiralitätskirche „Ulrica Pia" eingeweiht. Ursprünglich als Steinkirche geplant, wurde sie wegen Geldmangels als Holzkirche fertiggestellt. Sie ist die größte Holzkirche Schwedens.

5: Eines der beliebtesten Fotomotive Schwedens ist die Kleingartenkolonie Brändaholm auf der Insel Dragsö, circa drei Kilometer vom Stadtzentrum Karlskronas entfernt. Liebevoll wird diese Schärenidylle von den Besitzern gestaltet und gepflegt.

www.guidebook-sweden.com/de/reisefuehrer/ort/karlskrona
www.marinmuseum.se/de

3

4

5

1

2

3

4

GPS: 57° 38' N, 18° 18' O

Visby 14

Die Wikinger ließen sich wohl zu Beginn des 9. Jahrhunderts dauerhaft an der Stelle des heutigen Visby auf Gotland nieder. Im 11. Jahrhundert begann sich eine bedeutende Handelsvereinigung zu bilden, die dazu führte, dass die Stadt im 12. und 13. Jahrhundert ihre Blütezeit erlebte und ihren Höhepunkt fand, als sie Hansestadt wurde. Im 14. Jahrhundert begannen schwierige Zeiten, die kriegerischen Auseinandersetzungen um die Vorherrschaft im Ostseeraum machten der Hansestadt schwer zu schaffen. 1525 plünderten Lübecker Kriegsleute bis auf den Dom St. Maria alle Kirchen. 1645 kam Visby wieder unter schwedische Herrschaft. 1995 wurde die Stadt Weltkulturerbe der UNESCO.

1: Visby ist das Highlight der Insel Gotland mit einer imposanten 3,6 Kilometer langen Stadtmauer.

2+3: Jedes Jahr Anfang August tritt Visby mit dem Mittelalterfest die Reise in die Vergangenheit an.

4: 1225 gilt als Einweihungsjahr des Doms von Visby. Verschiedenste Umbaumaßnahmen gaben der St.-Maria-Kirche ihr heutiges Aussehen.

5: Insel Fårö. Mit der Fähre erreicht man die kleine Insel im Nordosten Gotlands. Meer und Wind formten dort die Raukar.

6: Die Lummelundagrottan südlich von Visby bietet fantastische Spiegelseen und grandiose Tropfsteinhöhlen.

5

6

www.gotland.net/de/sehenswurdigkeiten
www.lummelundagrottan.se

1

2

GPS: 56° 52' N, 16° 40' O

15 Borgholm und Victoriadagen

Königin Victoria (1862–1930) suchte auf Grund gesundheitlicher Probleme einen Rückzugsort. Diesen fand sie auf der Insel Öland, direkt neben Borgholms Schlossruine. Das milde Klima auf der Insel linderte ihre Beschwerden. Auf ihren vielen Reisen nach Italien kehrte sie des Öfteren bei ihrem Freund Axel Munther ein. Dessen Villa war Vorbild für den Bau des Sommerschlosses Solliden. 1903 begannen die Bauarbeiten, die von der Königin aktiv begleitet wurden, 1906 waren sie abgeschlossen.

Sorgfältig plante Königin Victoria die Gestaltung der Gartenanlagen. Unter ihrer Anleitung entstanden der italienische, der englische und der holländische Garten. Im Jahre 1930 verstarb Königin Victoria und vererbte ihrem Mann, König Gustav V., das Schloss. Nach seinem Tode ging der Sommersitz an seinen Sohn, König Carl XVI. Gustav. Jedes Jahr in den Sommermonaten verbringt der Monarch mit seiner Familie ein paar Wochen in dem Sommerschloss.

1: Borgholm ist die „Hauptstadt“ der Insel Öland. Mit der beginnenden Badekultur Mitte des 19. Jahrhunderts brach für Borgholm eine neue Zeit an. Ganz Öland profitierte davon.

2: Auch der schwedischen Königsfamilie gefällt es so gut auf der Ostseeinsel, dass sie ihr Sommerdomizil „Solliden“ bei Borgholm jedes Jahr für ein paar Wochen aufsucht.

3+4+5: In die königlichen Urlaubstage auf Solliden fällt der Geburtstag der Kronprinzessin Victoria. Am 14. Juli feiert die beliebte zukünftige Königin ihren Ehrentag im Kreis der Familie und vieler Besucher. Die königliche Familie zeigt sich dabei sehr volksnah und sympathisch.

www.victoriadagen.se
www.sollidensslott.se/deutsch

1

2

i GPS: 57° 20' N, 17° 5' O

16 Öland – der Norden

Bereits 7000 Jahre v. Chr. war Öland von Jägern und Sammlern bewohnt. 3000 Jahre später entdeckten die Menschen dort den Ackerbau und wurden sesshaft. Als Mitte des ersten Jahrtausends die große Völkerwanderung einsetzte, profitierte die Ostseeinsel auf Grund ihrer hervorragenden Lage davon und konnte sich wirtschaftlich weiterentwickeln. Doch auch kriegerische Auseinandersetzungen nahmen zu. Im 19. Jahrhundert lebten circa 38 000 Menschen hier. Um Land für die Landwirtschaft zu gewinnen, wurden viele Moore trockengelegt. Doch die Ressourcen der Insel waren begrenzt. Dürreperioden trugen dazu bei, dass im 19. und 20. Jahrhundert eine Auswanderungswelle die Einwohnerzahl Ölands drastisch sinken ließ. Heute leben die circa 25 000 Einwohner zunehmend vom Tourismus.

1: Zum unverwechselbaren Bild von Öland gehören die vielen Windmühlen, heute gibt es noch circa 350.
2: Bödabukten ist ein unglaublich schöner, kilometerlanger Strandabschnitt mit weichem, weißem Sand.
3: Abendstimmung an der atemberaubenden Westküste im Norden Ölands.

www.oland.se/sv/boka/kvarnar

3

GPS: 56° 44' 22" N, 16° 42' 40" O

17 Öland-Museum Himmelsberga

Das Öland-Museum Himmelsberga erzählt mit gut erhaltenen Häusern aus dem 18. und 19. Jahrhundert und traditioneller Handwerkskunst Geschichten aus der kulturhistorischen Vergangenheit der Insel. Im kleinen Dorfladen kann eingekauft werden wie zu Großmutters Zeiten. Das vielfältige Angebot reicht von erstklassiger Handwerkskunst über Bücher bis hin zu schönen Andenken.

1+2: Die ersten Gebäude wurden 1959 im Museum Himmelsberga auf Öland eingeweiht. Seither wurde es ständig erweitert, und so geben Gebäude, Maschinen, Werkzeug, aber auch traditionelle Haus- und Nutztiere einen Einblick in die frühere Lebensweise der Insulaner.

www.olandsmuseum.se

1

2

GPS: 56° 15' N, 16° 25' O

Öland – der Süden 18

Am Südzipfel der Insel Öland steht der „Lange Jan". Er ist der Zwillingsbruder des „Langen Erik" im Norden Ölands. Ebenfalls im Süden liegt die Burg Eketorp. Sie wurde von 1964 bis 1974 ausgegraben und entstand in drei Abschnitten: 300 bis 400 n. Chr. als kleine Zufluchtsburg für die Bevölkerung, von 400 bis 700 n. Chr. wurde sie u.a. mit einer Mauer und drei Toren stark ausgebaut, 1170 bis 1240 n. Chr. wurde die Anlage nochmals erweitert und verstärkt.

3: Der „Lange Jan" ist mit 42 Metern der größte Leuchtturm Schwedens.

4: Allein 19 vorzeitliche Burgen wurden auf Öland freigelegt. Aber keine wurde so großartig rekonstruiert wie die Burg Eketorp.

3

www.visitoland.com/de/gora-pa-oland/eketorps-borg/

4

GPS: 56° 40' N, 16° 21' O

19 Kalmar

Kalmar mit fast 40 000 Einwohnern ist Smålands drittgrößte Stadt und gehört zu den ältesten Orten Schwedens. So erlebt man die Siedlung am Kalmarsund mit ihren historischen Gebäuden und ihren Kopfsteinpflastergassen in charmanter Atmosphäre. Aber auch die vielen Restaurants, Bierstuben, Geschäfte und Shopping-Galerien sind Anziehungspunkte in der lebendigen Kleinstadt.

Auf Grund der strategisch wichtigen und günstigen Lage wurde im Jahr 1180, an der Stelle des heutigen Schlosses, eine Turmburg als Verteidigungsanlage gegen Feinde errichtet. Damals verlief die Grenze zu Dänemark nur einige Kilometer südlich von Kalmar. Im 16. Jahrhundert bauten König Gustav Vasa und seine Söhne die Anlage zu einem prächtigen Schloss aus. Unter anderem wurde hier die Kalmarer Union mit den skandinavischen Staaten geschlossen. Dieses prägende Verteidigungsbündnis hielt bis 1523. Zu Beginn des 20. Jahrhunderts wurden große Teile des Prachtbaus umfangreich restauriert und so erstrahlt der imposante Palast noch immer in seiner Schönheit vor den Toren Kalmars am Kalmarsund.

1: Das Kalmarer Schloss gehört zu den schönsten Renaissanceschlössern Nordeuropas.

2+3: Der Stadt ist es gelungen, Historie und Moderne miteinander zu vereinen. Besonders sehenswert: die Altstadt „Gamla stan“ mit ihren schönen Holzhäusern.

www.kalmar.com/de/der-fluegelschlag-der-geschichte
www.kalmarslott.se/deutsch

1

2

3

GPS: 56° 36' 50" N, 14° 37' 0" O

20 Åsnen-Nationalpark

Der Åsnen ist nach dem Bolmen der zweitgrößte See Smålands. Seine vielen Buchten und Fjorde machen den See zu einem Paradies für viele Vogelarten und zahlreiche Fischarten. Auch der seltene Luchs streicht durch die Wälder rund um den Åsnen. Seit dem Jahr 2018 ist der See mit über 100 Inseln und den angrenzenden Wäldern Nationalpark. Das Gebiet umfasst 19 Quadratkilometer.

1: *Der Nationalpark Åsnen kann mit urwüchsigem Waldbestand aufwarten. Dabei wechseln sich Kiefern- und Buchenwälder ab.*

2: *Eine artenreiche Tierwelt, kleine Inseln, breite Schilfgürtel, versteckte Buchten und tiefe Wälder machen den Åsnen so schützenswert.*

www.sverigesnationalparker.se/park/asnens-nationalpark/

1

2

GPS: 56° 39' 30" N, 14° 51' 0" O

Alte Kirche von Jät 21

Am westlichen Ufer des Åsnen liegt die interessante Alte Kirche von Jät. Sie ist ein gut erhaltener Bau aus dem Mittelalter, sogar der Dachstuhl ist noch der ursprüngliche aus dem Jahr 1220. Teile des Inventars sind aus dem 17. Jahrhundert, Wand- und Deckenmalerei aus dem 18. Jahrhundert. Ebenfalls mit schönen Malereien gestaltet sind der Vorraum und die Sakristei. Architektur und Interieur des alten Gotteshauses erscheinen wie aus einer anderen Zeit.

3: Die Alte Kirche von Jät begrüßt den Besucher.
4: Beim Eintritt in die Sakristei muss man sich bücken. Die niedrige Decke lehrte den Prediger, mit Demut vor die versammelte Gemeinde zu treten.

www.sverigesnationalparker.se/de/nationalpark-wahlen/asnens-nationalpark/

GPS: 57° 40' N, 14° 58' O

23 Eksjö

Eksjö blickt auf eine über 600 Jahre alte Stadtgeschichte zurück. 1403 wurde das Stadtrecht verliehen. Doch schon vorher war der Ort ein wichtiger Handelstreffpunkt. Zweimal wurde die Stadt durch Brände zerstört: 1568 und 1856, als der südliche Teil der Stadt völlig niederbrannte. Der nördliche Teil mit dem großen Marktplatz konnte gerettet werden und so stehen dort heute noch jahrhundertealte Gebäude.

1: Ruhe und Entspannung in der Holzstadt Eksjö.
2: Der Grundriss der Holzstadt Eksjö ist noch der gleiche wie im Mittelalter.
3+4: Besonders schön ist ein Spaziergang durch die Altstadt „Gamla stan“ mit einer Pause auf einer Bank am Flüsschen „Eksjöån“.

www.tretrastader.se/de/eksjo-2/stadtrundgang-in-eksjo/

1

2

3

4

GPS: 57° 40' 30" N, 15° 50' 35" O

24 Astrid Lindgrens Värld

Überall in dem Themenpark bei Vimmerby toben Mädchen und Jungen herum auf den Spuren ihrer Helden aus den Geschichten von Astrid Lindgren. Da turnen sie auf der Villa Kunterbunt von Pippi Langstrumpf, spielen die Erlebnisse der Kinder von Bullerbü oder die Streiche von Michel aus Lönneberga nach und erleben die Abenteuer von Ronja Räubertochter. Astrid Lindgren (1907–2002) gehört noch heute zu den beliebtesten und bekanntesten Kinder- und Jugendbuchautorinnen der Welt.

1: In der Astrid-Lindgren-Welt spielen Darsteller die Geschichten von Pippi, Michel, Ronja & Co nach.
2: Die Höfe von Bullerbü stehen in Sevedstorp.
3+4: Der Tischlerschuppen und die Holzmännchen von Michel findet man am Drehort der Fernsehserie: einem Hof in Gibberyd.

www.astridlindgrensvarld.se/de/
www.katthult.se/de/startseite/

1

2

3

4

GPS: 57° 47' N, 14° 10' O

25 Streichholzmuseum

Das Tändsticksmuseet in Jönköping erzählt von der Geschichte des Streichholzes: 1844/45 begannen die Brüder Johan und Carl Lundström mit der Streichholzherstellung aus leichtentzündbarem, aber giftigem weißen Phosphor. Sicherheitsstreichhölzer mit dem ungefährlicheren roten Phosphor wurden erst 1853 hergestellt. 1917 übernahm Ivar Kreuger die Streichholzfabrik und schuf die „Svenska Tändsticksaktiebolaget“ (Schwedische Streichholzgesellschaft). Er erwarb Streichholzfabriken auf der ganzen Welt und erhielt später das weltweite Streichholzmonopol.

1: Das Streichholzmuseum ist weltweit das einzige seiner Art.
2: Das Streichholzmuseum gibt Einblick in die Herstellung der Streichhölzer im 19. und zu Beginn des 20. Jahrhunderts.

matchmuseum.jonkoping.se

i GPS: 56° 51' N, 15° 23' O

Glasbläserei 26

Im 17. Jahrhundert kam auf Initiative von König Gustav II. Adolf die Glasbläserkunst nach Schweden. Zum Ende des 19. Jahrhunderts erlebte sie ihre Blütezeit. In Småland gab es die besten Voraussetzungen zur Glasgewinnung: Die sandigen Böden und die großen Wälder boten Rohstoffe im Überfluss. Heute bestehen noch 13 Glashütten. Alle haben ihren eigenen Stil und bieten Glaskunst der Extraklasse. In der Riksglasskolan in Orrefors wird die nächste Generation an Designern und Künstlern ausgebildet.

3+4: Die Glasbläserei in Kosta ist die älteste und größte ihrer Art in Schweden. Hier kann man den Glasbläsern über die Schulter gucken.

www.glasriket.se/sv

GPS: 56° 38' 50" N, 12° 43' 40" O

27 Tylösand

Noch verhindern die mit Seegras bewachsenen Dünen, dass die Augen auf das Meer hinaussehen können, doch die Ohren hören schon das beruhigende Rauschen der Wellen, die sich am Strand von Tylösand (in der Nähe von Halmstadt) brechen. Dann wird der Blick frei auf den weißen Strand, der sich bis zum Horizont erstreckt und auf das weite Meer. Mit seinen feinen, kilometerlangen Sandstränden gehört die Küste der westschwedischen Provinz Halland zu den beliebtesten und schönsten Badeplätzen Schwedens.

1+2+3: Viel Platz für einen perfekten Tag am Meer hat man am Strand von Tylösand.

www.schwedentipps.se/halland/tyloesand/

1

2

3

GPS: 57° 42' N, 12° 0" O

28 Göteborg

Göteborg ist die zweitgrößte Stadt Schwedens und wurde 1621 von König Gustav II. Adolf gegründet. Zu dieser Zeit galten die Holländer als beste Baumeister, weshalb sie den Auftrag zum Stadtbau erhielten. Noch heute ist die holländische Prägung erkennbar. Im 18. Jahrhundert erlebte Göteborg einen starken Aufschwung durch die Gründung der Ostindischen Handelskompanie und der Hafen erhielt eine enorme Bedeutung. Mehrere Brände führten im 19. Jahrhundert dazu, dass nur noch Häuser aus Stein errichtet wurden. Fabriken wurden gebaut und Industrieviertel entstanden. Im 20. Jahrhundert ging die stetige Entwicklung weiter. Es entstanden weitere Stadtteile, kulturelle Anziehungspunkte wurden geschaffen. Göteborg wurde ein beliebtes Reiseziel.

Eine besondere Möglichkeit der Stadtbesichtigung hat der Besucher bei einer Tour mit „Göteborgs Schildkröte“: Die Paddan-Bootstour bietet eine Stadtrundfahrt auf den Kanälen durch Göteborgs Innenstadt. Es geht auf Zeitreise vom 17. bis ins 21. Jahrhundert. Unter 20 Brücken hindurch führt die Tour bis hinaus in den Hafenbereich.

1: Göteborgs „Utkiken“: Von der obersten Etage im Hochhaus Skanskaskrapan hat man einen großartigen „Ausguck“ über die Stadt und den Hafen.

2: Der Kungsportsplatsen mit dem Reiterdenkmal König Karl IX., der zu Beginn des 17. Jahrhunderts mit dem ersten Bau der Stadt Göteborg begann.

3: Das Stora Teatern liegt an der Kungsportsavenyn.

4: Blick vom Götaplatsen mit dem Poseidonbrunnen auf die Kungsportsavenyn. Sie ist die Prachtstraße Göteborgs mit einer Vielzahl an Bars, Pubs, Cafés und Restaurants.

www.ilovegoteborg.se
www.goteborg.com/goteborgs-historia-och-arv

3

4

1

2

GPS: 57° 53' N, 11° 35' O

Marstrand 29

Die autofreie Insel gehört zu Schwedens beliebtesten Reisezielen. Erstmalige Erwähnung findet Marstrand zum Ende des 13. Jahrhunderts. Zu der Zeit gehörte die Insel noch zu Norwegen. Mit dem Frieden von Roskilde 1658 ging sie an Schweden. In der zweiten Hälfte des 17. Jahrhunderts ließ König Karl X. Gustav eine Burg auf Marstrand erbauen, die nach ihrem Gründer Festung Carlsten genannt wurde.

1: Auf Marstrand finden sich überall noch ruhige Plätze.
2: Ein Segeltörn durch den Schärengarten rund um Marstrand.
3: Marstrands Kyrka stammt aus dem 14. Jahrhundert, viele der Häuser sind aus Holz erbaut.
4: Bei Freizeitkapitänen beliebt: der sommerliche Hafen.

www.marstrand.se/en

1

2

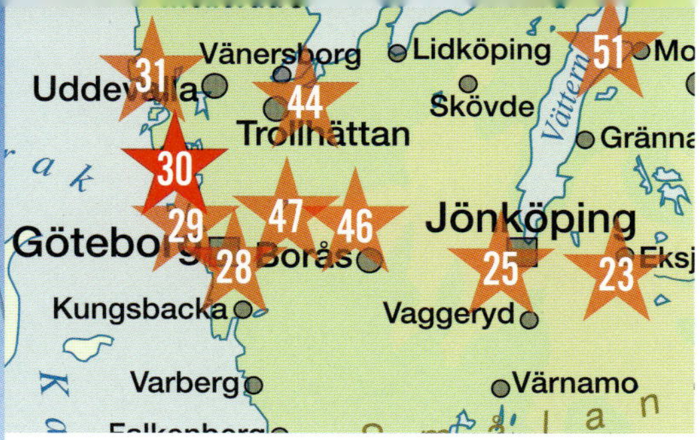

GPS: 58° 1' N, 11° 38' O

Westküste 30

Die untergehende Sonne taucht den Schärengarten an der Westküste Schwedens in ein warmes Licht, wie es nur im Norden zu erleben ist. Eine wohltuende Ruhe breitet sich aus. Wie Perlen liegen die Fischerdörfchen an den Küsten. Das Schärengebiet vor den Toren Göteborgs bis an die Landesgrenze zu Norwegen ist sicher das Herausragende der Provinz Bohuslän.

1: Auf dem Weg zur Insel Marstrand.
2: Ausblick auf Rönning im Süden der Insel Tjörn, nördlich von Marstrand.
3: Blick vom Hafen auf die Kirche von Fiskebäckskil.
4: Das kleine Fischerdorf der Insel Härön im Westen der Insel Tjörn.

www.vastsverige.com/de/bohuslan/insel-hupfen

4

1

2

i GPS: 58° 21' 20" N, 11° 13' 20" O

Smögen 31

Smögen ist eine alte Fischersiedlung, die sich zu einem populären Badeort entwickelt hat. An dem einen Kilometer langen Smögenkai kann es in den Sommermonaten schon mal eng werden, wenn unzählige Besucher die kleinen Butiken und Souvenirläden belagern. Am Ende des Holzstegs befindet sich die schöne Badestelle Vallevik mit Sandstrand und Sprungturm. Bekannt ist Smögen auch für seine Delikatessen aus dem Meer.

1: Fotomotiv beim Spaziergang in den Schären rund um Smögen.
2: Die bunten Bootshäuser von Smögen mit dem Holzsteg.
3: Smögen ist bekannt für seine vielen farbenfrohen Holzhäuser.

www.schwedentipps.se/bohuslaen/smoegen/

1

GPS: 58° 43' 30" N, 11° 19' 0" O

32 Tanum

Die Felsritzungen von Tanum sind in ihrer Häufigkeit und Vielfalt einzigartig in Europa und wurden von der UNESCO 1994 zum Weltkulturerbe ernannt. Die Zeugnisse aus der Bronzezeit entstanden circa 1000 bis 500 Jahre v. Chr. und berichten vom Leben der Menschen jener Zeit. Mehrere hundert Abbildungen erwarten den Besucher auf einem knapp 500 Meter langen Rundweg.

2

1: Die Felsritzungen erzählen vom Leben vor 3000 Jahren.
2: Das Vitlycke-Museum gibt einen Einblick in die Zeit der Felsritzungen.
3: Um Tanum gibt es mehrere archäologische Funde von Felsritzungen.
4: Die rote Farbe wurde nachträglich aufgetragen, um die Felsritzungen sichtbar zu machen.

www.vitlyckemuseum.se/de/tanums-welterbe/die-felsen-von-vitlycke

3

4

GPS: 58° 50' N, 11° 2' O

33 Kosterhavet-Nationalpark

Schwedens erster Meeresnationalpark wurde im Jahr 2009 gegründet. Eine einzigartige Pflanzen- und Tierwelt über und unter Wasser machen das Schutzgebiet, das insgesamt 365 Quadratkilometer rund um den Kosterfjord sowie die Gewässer im Süden davon umfasst, so sehenswert. Tauchend und schnorchelnd kann die beeindruckende Unterwasserwelt erkundet werden. Ein Kaltwasser-Korallenriff und Seehundkolonien sind faszinierende Besonderheiten im Kosterhavet. Im Norden schließt sich der norwegische Nationalpark Ytre Hvaler an.

1: Schon die Fahrt mit dem Boot zu den Kosterinseln geht durch eine grandiose Schärenlandschaft.

2: Kleine Fischerhütten im Süden der Insel Südkoster.

3: Von Strömstad im Norden der Region Bohuslän fahren Ausflugsboote in den Nationalpark Kosterhavet.

www.sverigesnationalparker.se/de/nationalpark-wahlen/kosterhavet-nationalpark/

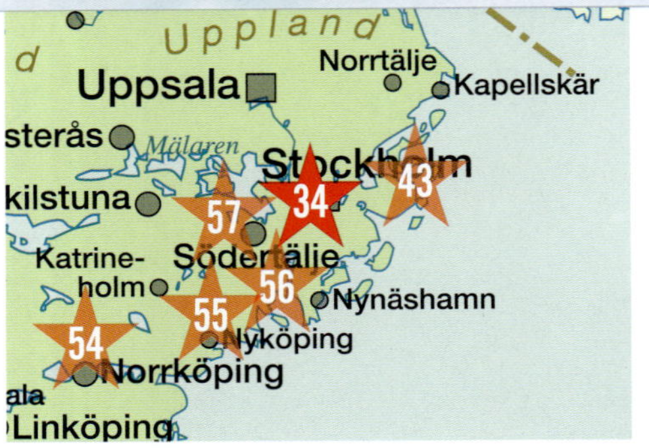

GPS: 59° 20' N, 18° 5' O

34 Altstadt Stockholm

Faszinierend ist die Altstadt von Stockholm. Der Weg durch die „Gamla stan" führt durch enge, historische Gassen, vorbei an alten, geschichtsträchtigen Gebäuden. Einkaufs- und Souvenirlädchen, Restaurants und Cafés schaffen eine beeindruckende Atmosphäre. Hier liegt auch der Stortorget, der von malerischen Häusern umgebene Marktplatz.

1: Über das einstige Segelschiff Chapman, das heute als Jugendherberge genutzt wird, blickt man auf die Altstadt.

2: Der Stortorget inmitten der Gamla stan.

3: Stockholms Altstadt wird vom Turm der Tyska Kyrkan überragt.

4: Blick von der Altstadt auf den Stadtteil Södermalm mit der Katarinakyrka.

www.stockholm.de/

1

2

BEST HOSTEL OLD TOWN
3

4

1

2

GPS: 59° 19' 37" N, 18° 4' 18" O

Königliches Schloss 35

Das heutige königliche Schloss, welches den Namen „Tre Kronor“ (Drei Kronen) trägt, entstand im frühen 18. Jahrhundert. Nicodemus Tessin d. J. gab ihm sein jetziges Aussehen, nachdem es 1697 abgebrannt war. Circa 600 Räume beherbergt der Prachtbau.

1: Das Schloss dient heute dem König als Repräsentationssitz. Der Wohnsitz der königlichen Familie wurde nach Schloss Drottningholm verlegt.
2: Beeindruckendes Treppenhaus im königlichen Schloss.
3: Auf einem Rundgang sieht man die Einrichtung aus verschiedenen Epochen.
4: Wie viel gekrönte Häupter wohl auf diesem Thron Platz genommen haben?
5: Gemälde des Königs Jean Baptiste Bernadotte.

www.kungligaslottet.se/language/auf-deutsch.html

GPS: 59° 19' 35" N, 18° 4' 14" O

36 Wachablösung

Eine besondere Attraktion ist die Wachablösung am königlichen Schloss, die täglich um 12:15 Uhr (sonntags um 13:15 Uhr) im äußeren Schlosshof stattfindet. Dazu spielt das königliche Musikcorps Stücke zwischen Klassik und Pop, sogar ABBA-Songs kann man hören. Die sowohl männlichen, als auch weiblichen Soldaten tragen dabei historische Uniformen. An circa 50 Wachablösungen im Jahr sind auch Reiter beteiligt.

1+2: Mit musikalischen Vorträgen und perfekter Choreografie begeistern die Teilnehmer der Wachablösung die Zuschauer täglich aufs Neue.

www.stockholm.citysam.de/kungliga-slottet.htm

www.schwedentipps.se/stockholm/koenigliches-schloss/

1

2

GPS: 59° 19' 29" N, 18° 3' 52" O

Riddarholmskyrkan 37

Die Riddarholmskyrkan gehörte einst zu einem Franziskanerkloster, das unter Magnus III. Ladulås im Jahr 1270 gegründet wurde. Das dreischiffige Gotteshaus wurde im gotischen Stil errichtet und beherbergt die Gräber vieler hochgestellter Persönlichkeiten einschließlich der Königsfamilien. Heute wird sie nur noch als Grab- und Gedächtniskirche genutzt. Seit König Gustav V. werden die Mitglieder der schwedischen Königsfamilie aber auf dem Königlichen Friedhof Haga bestattet.

3: Das monumentale Grab des Kirchengründers König Magnus Ladulås und seiner Frau.
4: Die eindrucksvolle Familiengruft von König Karl X. und seiner Familie.

www.stockholmpass.de/stockholm-attractions/riddarholmen-church.html
www.kungligaslotten.se/vara-besoksmal/riddarholmskyrkan.html

Von Wasser geprägt ist Stockholms Stadtbild. Der zentrale Stadtbezirk Östermalm lockt mit schönen Gebäuden zum Beispiel an der Hafenpromenade, einem regen Nachtleben und zahlreichen Sehenswürdigkeiten.

SEA CLUB

1

2

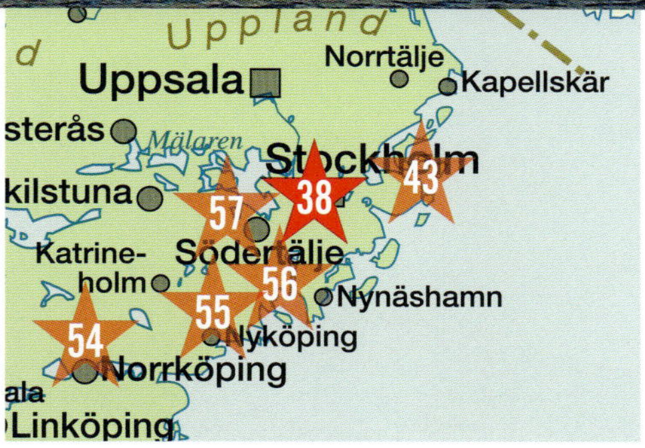

GPS: 59° 20' N, 18° 5' O

Östermalm 38

Das Stadtviertel Östermalm glänzt mit sehenswerten Plätzen wie seiner Hafenpromenade, dem Dramatischen Theater oder der Saluhallen. Mit seinen Bars und Cafés direkt am Wasser, mit seinen prachtvollen Häusern hat es seinen ganz eigenen, speziellen Charme. Hier lohnt es sich, die bekannten Wege zu verlassen und auf Entdeckungstour zu gehen!

1: Der Prachtboulevard Strandvägen in Östermalm.

2: Das Gebäude des Dramaten (Königliches Dramatisches Theater) wurde 1908 eingeweiht.

3: Die Saluhallen stammt aus dem späten 19. Jahrhundert. In dem Stockholmer „Esstempel“ gibt es Köstlichkeiten auf fast 3000 Quadratmetern.

www.ostermalmshallen.se/en/
www.dramaten.se/

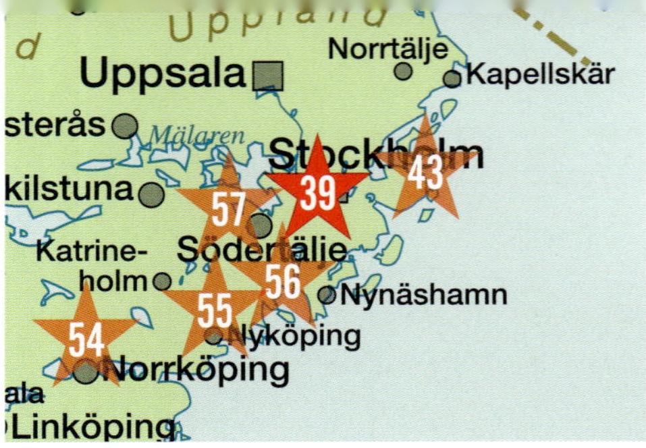

GPS: 59° 19' 46" N, 18° 5' 20" O

39 Junibacken

Das der schwedischen Kinderliteratur gewidmete Museum Junibacken lässt die Herzen der Astrid-Lindgren-Fans höherschlagen. Hier kann man mit einer Gondel durch die vielen Geschichten der Autorin reisen, herumtollen zwischen all den Helden, spannende und lustige Theateraufführungen verfolgen, die bekannten Lieder aus den Filmen singen u.v.m.

1: Die Statue von Astrid Lindgren vor dem „Märchenhaus" Junibacken.
2: Hier werden Astrid Lindgrens Geschichten von Pippi Langstrumpf, Michel aus Lönneberga und anderen lebendig.

www.junibacken.se/en

1

2

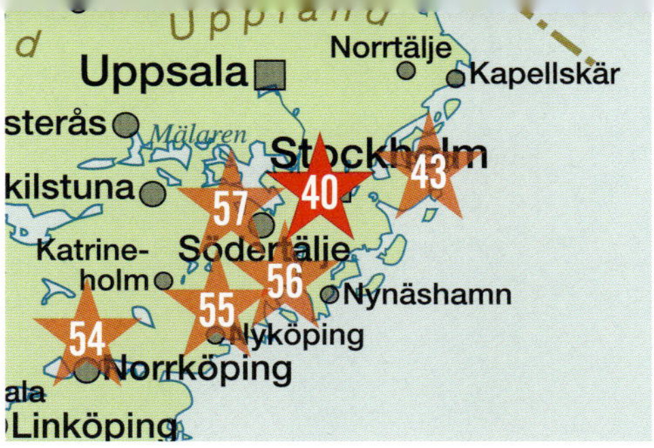

GPS: 59° 19' 25" N, 18° 5' 45" O

Gröna Lund 40

Der bereits 1883 gegründete Vergnügungspark auf der Insel Djurgården ist der älteste Schwedens und lockt heute mit circa dreißig atemberaubenden Fahrgeschäften und allein sieben Achterbahnen. Der Ausflug in den Park ist für die ganze Familie geeignet, die Attraktionen sind für Jung und Alt. In der Anlage gibt es ebenfalls Theater und Bühnen, die zu verschiedenen Events genutzt werden.

3: Gröna Lund ist neben Liseberg in Göteborg der bekannteste und beliebteste Vergnügungspark Schwedens.

4: Er liegt direkt am Wasser und von einigen Fahrgeschäften hat man einen großartigen Ausblick auf Stockholm.

www.gronalund.se

3

4

1

2

GPS: 59° 19' 40" N, 18° 5' 30" O

Vasa Museet 41

Als am 10. August 1628 viele Menschen in Stockholm zusammenkamen, um der Jungfernfahrt der „Vasa" beizuwohnen, ahnte niemand, welche Katastrophe sie miterleben sollten. Der Stolz der Marine sank noch im Hafenbereich. 333 Jahre später gelang dem Forscher Anders Franzén die Entdeckung des Schiffswracks. Unter enormem technischen Aufwand konnte das Kriegsschiff gehoben werden. Heute kann man die Vasa in ihrem Museum auf der Insel Djurgården bestaunen.

1: Beim Untergang verloren etwa 30 Menschen ihr Leben.
2: 62 Meter lang, 50 Meter hoch und 11,7 Meter breit ist das Schiff.
3: Aufwändige Schnitzarbeiten am Schiffsheck.
4: Puzzlearbeit: einzelne Teile der Vasa.

www.vasamuseet.se/de

1

2

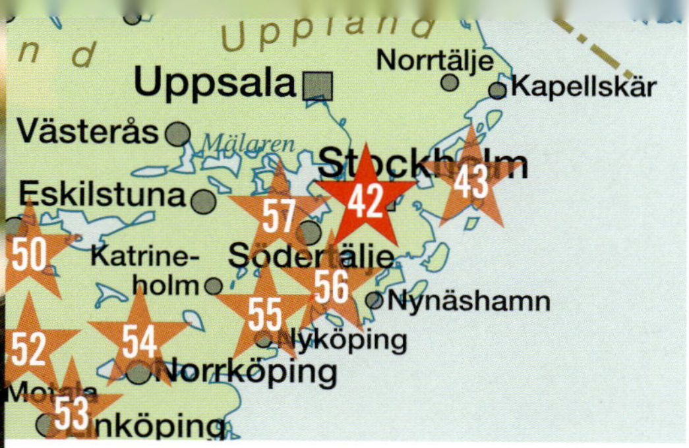

GPS: 59° 19' 36" N, 18° 6' 20" O

Skansen 42

Eine weitere herausragende Sehenswürdigkeit auf der Insel Djurgården ist das Freilichtmuseum Skansen. Aus verschiedenen Zeitepochen sind Häuser, Katen und Höfe aus ganz Schweden in dem 1891 von Artur Hazelius gegründeten Park zusammengetragen worden. Es beherbergt ebenfalls einen kleinen Zoo mit nordeuropäischen Arten. Acht Mal im Sommer findet dort auch die beliebte Musikshow „Allsång“ statt.

1: Im Skansen erhält man einen Einblick in das frühere Leben der Schweden.
2: Darsteller erzählen interessante Geschichten.
3: Elch, Bär, Wolf & Co fühlen sich sichtlich wohl.
4: Circa 150 Gebäude aus allen Landesteilen sind hier versammelt.

www.skansen.se/de/deutsch

Idylle im Stockholmer Schärengarten. Zur Landeshauptstadt gehören sogar zwei Nationalparks: der 1909 gegründete Ängsö-Nationalpark und der Tyresta-Nationalpark aus dem Jahre 1993.

KABEL

1

2

GPS: 59° 20' N, 18° 50' O

3

Stockholmer Schärengarten 43

Von Stockholms Innenstadt fahren mehrere Fähren auf verschiedenen Routen in die atemberaubend schöne Schärenlandschaft. Der Archipel umfasst circa 24 000 kleinere und größere Inseln, die im Gegensatz zu den Felsen im Schärengarten an der Westküste meist bewaldet sind.

1: Pure Schärenidylle vor den Toren der schwedischen Hauptstadt.
2: Die Festung Waxholm im Stockholmer Schärengarten stammt aus der Mitte des 19. Jahrhunderts.
3: Unverzichtbar sind die Leuchttürme im Schärengarten.
4: Viele Stockholmer wohnen zeitweise oder ganzjährig in ihren malerischen Holzhäusern im Schärengarten.

www.schweden.rocks/stockholm/schaeren

4

GPS: 58° 17' N, 12° 17' O

44 Trollhättan

Trollhättan gehört zu den wichtigsten Industriestandorten Schwedens. In günstiger Lage, direkt am Südzipfel von Schwedens größtem See, dem Vänern, haben sich viele namhafte Firmen hier angesiedelt. Die Stadt ist geprägt vom Wasser – die Nähe zum Vänern, der Götakanal und die Trollhättan-Wasserfälle des Göta-Flusses sind wichtige Wirtschaftsfaktoren. Meist am dritten Wochenende im Juli, werden zu den „Wasserfalltagen" mehrmals am Tag die Schleusentore geöffnet. Dann stürzen sich circa 300 000 Liter innerhalb einer Sekunde den 32 Meter hohen Felshang hinunter (in den Sommermonaten jeweils samstags um 15:00 Uhr) – ein beeindruckendes Schauspiel! Was lag näher, als hier ein Wasserkraftwerk zu errichten? Um 1900 entstand das erste staatliche Wasserkraftwerk Schwedens. Der Bootsverkehr wird durch eine etwa zwei Kilometer entfernte Schleusenanlage geführt.

1: Spektakulär ist der Wasserfall am Rande der Stadt Trollhättan.

www.vastsverige.com/de/trollhattan-vanersborg/produkter/trollhattan-wasserfall

1

2

3

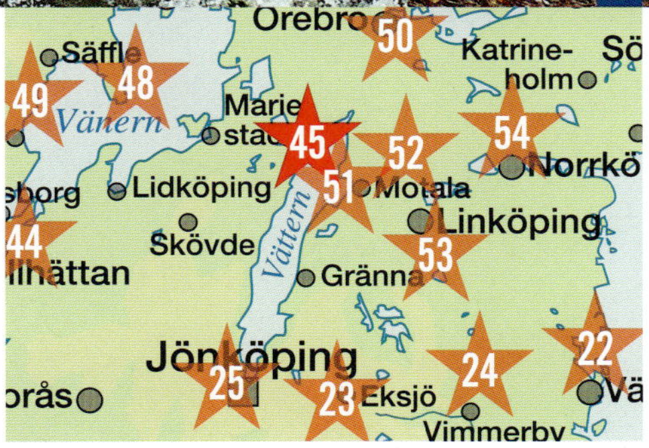

GPS: 58° 43' N, 14° 36' O

Tiveden-Nationalpark 45

Der 1983 gegründete Nationalpark Tiveden in den Provinzen Västergötland und Närke zeichnet sich durch seine wilde und ursprüngliche Natur aus. Riesige, bis zu zehn Meter hohe Felsblöcke, Felsgrotten, Risstäler und Seen prägen das Landschaftsbild des Schutzgebietes, das unter anderem Elch, Hirsch, Fuchs und Marder, Auerhahn, Specht- und Eulenarten eine Heimat bietet.

2+3: Den Tiveden-Nationalpark nennt man auch „Wald der Trolle". Tatsächlich hat man beim Durchstreifen des Nationalparks das Gefühl, dass einem aus manchen Felsenformationen und aus den alten Bäumen unheimliche Trollgesichter nachschauen.

www.sverigesnationalparker.se/de/nationalpark-wahlen/tiveden-nationalpark

GPS: 57° 48' 32" N, 12° 44' 47" O

46 Stabkirche Hedared

Die Hedared Stavkyrka ist die einzige Stabkirche Schwedens und einzige historische Stabkirche außerhalb Norwegens. Das kleine Gotteshaus steht in der Provinz Västergötland circa 50 Kilometer östlich von Göteborg. Ihre Geschichte reicht bis ins 12. Jahrhundert zurück, die heutige Holzkirche wurde im 16. Jahrhundert errichtet.

1: Einige Gegenstände der Kirche wie Gemälde oder Taufbecken stammen noch aus dem Vorgängerbau und wurden vor dem 16. Jahrhundert gefertigt.

2: Die kleine Stabkirche von Hedared hat einen separaten Glockenturm.

www.svenskakyrkan.se/sandhult/hedareds-stavkyrka

1

2

GPS: 57° 53' N, 12° 24' O

Eisfischen 47

Der See Mjörn östlich von Göteborg ist auf Grund seines Fischreichtums ein hervorragendes Gewässer für Angler. Sobald der See zugefroren ist und sich eine tragfähige Eisschicht gebildet hat, sieht man viele der Bewohner aus der Umgebung, warm eingepackt, mit Getränken und ein paar Leckereien ausgestattet, mit Werkzeug und Angelgeschirr „bewaffnet“ auf den See hinauswandern. Ein Loch wird in das Eis gebohrt und ein Köder in das kalte Wasser getaucht.

3: Winter in Schweden – Zeit zum Eisfischen.
4: Eisfischen ist eine beliebte Freizeitbeschäftigung.

www.stenaline.de/angeln-in-schweden/eisangeln

3

4

GPS: 58° 54' N, 13° 24' O

48 Vänern

Der Vänern ist der größte See Schwedens. Mit einer Gesamtfläche von circa 5500 Quadratkilometern und einer Küstenlinie von rund 2000 Kilometern ist die Bezeichnung „Binnenmeer" sehr passend. 22 000 Inseln und Schären finden sich in Europas drittgrößtem Süßwasser-Archipel. Das Gewässer mit einer maximalen Tiefe von 106 Metern ist ein ausgezeichnetes Bade- und Angelparadies mit 38 verschiedenen Fischarten.

Mitten im Vänern liegt der Djurö-Nationalpark, ein Schärengebiet, bestehend aus dreißig Inseln mit einem reichen Vogelleben (unter anderem Fischadler und Baumfalken). 1991 wurde das Gebiet zum Nationalpark erklärt.

1: Blick vom Halleberg in Västergötland auf Schwedens größten See, den Vänern. Der Halleberg wird auch Elchberg genannt, da dort Elchwild häufig vorkommt.

www.lakevanern.se/de/

1

GPS: 58° 49' 17" N, 12° 24' 33" O

Aquädukt von Håverud 49

Der Dalslandkanal wurde in den Jahren 1864 bis 1868 durch den Kanalbauingenieur Nils Ericson erbaut. Unwegsames Gelände machte einen herkömmlichen Kanalbau bei Håverud unmöglich. Der Bau des Aquädukts war eine geniale Idee Ericsons. Es entstand dieses außergewöhnliche Verkehrskreuz aus Wasserstraße, Eisenbahnbrücke und Autostraße. Das Kanalmuseum in Håverud informiert darüber.

2: Von der Straßenbrücke hat man einen großartigen Blick über die Anlage.
3: Der Kanal bildet eine gut 250 Kilometer lange Wasserstraße durch Dalsland.
4: Eine Bootsfahrt durch den Kanal verlangt auch dem Kapitän einiges Können ab.

www.schwedentipps.se/dalsland/haverud

2

3

4

1

2

GPS: 58° 27' N, 14° 54' O

Vadstena 51

Vadstena ist eine wunderschöne Kleinstadt am Ufer des Vättern mit mittelalterlichem Milieu und gemütlicher Innenstadt. Das Stadtrecht erhielt der Ort im Jahr 1400. Die Geschichte der Stadt ist eng mit der des Birgittenklosters verbunden, das Pilger und Reisende anzog.

1: Schon von weitem grüßt Schloss Vadstena.
2: Direkt am Schloss befindet sich ein Gästehafen, von dem aus die Boote auf den Vättern hinausfahren können.
3: Vadstena liegt idyllisch am Vättern.
4: Das Rathaus von Vadstena wurde um das Jahr 1400 erbaut und gilt als ältestes Rathaus Schwedens.
5: Nach der Reformation verlor das Birgittenkloster an Bedeutung.

https://visitsweden.de/historisches-vadstena
www.upplevvadstena.se/de/kloster.htm

1

2

GPS: 58° 33' 40" N, 15° 16' 57" O

Götakanal 52

Baltzar von Platen erhielt am 11. April 1810 von König Karl XIII. die Genehmigung zum Bau eines Kanals, der die Ost- und Westküste des Landes miteinander verbinden sollte. Am 26. September 1832 wurde die Wasserstraße eingeweiht. Der Götakanal windet sich 190,5 Kilometer durch Schweden und ermöglicht zusammen mit dem Götaälv und dem Trollhättankanal in Västergötland eine Verbindung auf dem Wasserweg von Stockholm nach Göteborg. Dabei ermöglichen 58 Schleusen die Überwindung des Höhenunterschiedes von 91,5 Metern.

1: Die beeindruckende Schleusenanlage von Motala am Vätternsee.
2: Das Götahotel an der Schleusenanlage Borensberg.
3+4: Schiffe auf dem Götakanal.

www.gotakanal.se/sv

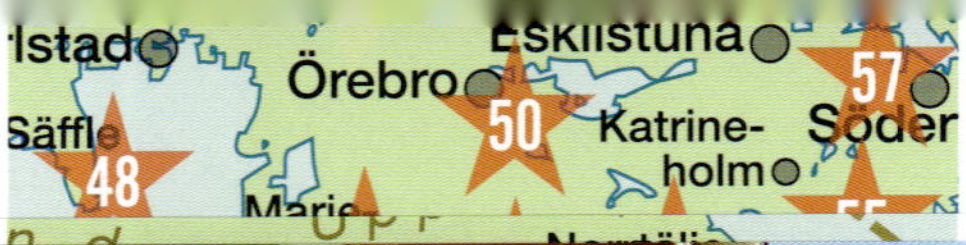

1

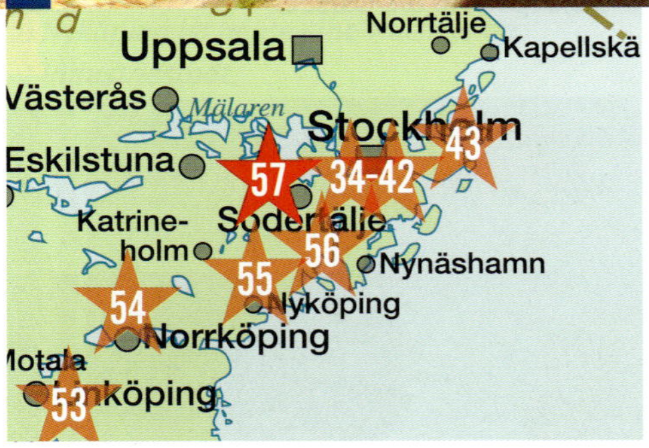

2

GPS: 59° 16' N, 17° 13' O

57 Mariefred

Mariefred mit seinem imposanten Schloss, dem historischen Bahnhof, seinen engen Gassen und vielen Holzhäusern liegt malerisch am Mälar-See in der Provinz Södermanland. Schloss Gripsholm ist die größte Sehenswürdigkeit, seine Geschichte reicht bis ins 14. Jahrhundert. Auf Initiative von König Gustav Vasa wurde im Jahr 1537 mit dem Bau der heutigen Anlage begonnen.

1: Verträumte Gassen in Mariefred.
2: Mariefred liegt am Mälaren, dem drittgrößten See Schwedens.
3: Im Sommer ist die historische Schmalspureisenbahn Östra Södermanlands Järnväg in Betrieb.
4: Schloss Gripsholm ist auch durch Kurt Tucholskys gleichnamige Sommergeschichte bekannt.

www.schwedentipps.se/soermland/mariefred-gripsholm/
www.royalpalaces.se/language/auf-deutsch/schloss-gripsholm.html
www.schweden.pl7.de/museumseisenbahn-in-mariefred

3

4

1

2

GPS: 65° 35' N, 19° 12' O

Arvidsjaur 64

Arvidsjaur ist eine der bedeutendsten Städte im Süden Lapplands. Lebten die Samen früher ausschließlich von der Rentierzucht und folgten den Rentierherden durch die Weiten Lapplands, leben heute nur noch circa 2500 Menschen davon. Spektakulär sind die Rentiertrennungen im Herbst, wenn die Samen ihre Tiere zusammentreiben.

1: Unterwegs in Lappland zwischen Arvidsjaur und Jokkmokk.

2: Lappstaden. Noch heute werden die Hütten des alten Kirchendorfes von den Samen genutzt, wenn sie an Festtagen oder zu speziellen Anlässen nach Arvidsjaur kommen.

3+4: Die Kirche von Arvidsjaur. Bereits um das Jahr 1560 gab es ein Gotteshaus, das heutige wurde 1902 erbaut.

www.visitarvidsjaur.se/en/se-gora/lappstaden/

GPS: 66° 36' N, 19° 50' O

65 Jokkmokk

Der kleine Ort am Polarkreis bietet circa 3000 Einwohnern eine Heimat. Jedes Jahr am ersten Wochenende im Februar erwacht Jokkmokk aus seinem Dornröschenschlaf. Dann treffen sich Nordeuropas Samen zum „Samenmarkt". Bereits vor über 400 Jahren fanden die ersten Markttage statt und wurden zu einem festen Bestandteil im Kalender der Samen. An gut 500 Marktständen bieten sie dann ihre Waren an: Rentierprodukte, geschnitzte Handwerkskunst, Kleidung, Nahrung etc. Wichtig sind dabei auch die sozialen Kontakte.

1: Ruhig fließt der Luleåälv in der Nähe von Jokkmokk durch die Wildnis Lapplands.
2: Kleines Geschäftshaus im verträumten herbstlichen Jokkmokk.
3: Innenraum der Holzkirche in Jokkmokk, erbaut Ende des 19. Jahrhunderts.

www.ajtte.com/deutsch

2

3

1

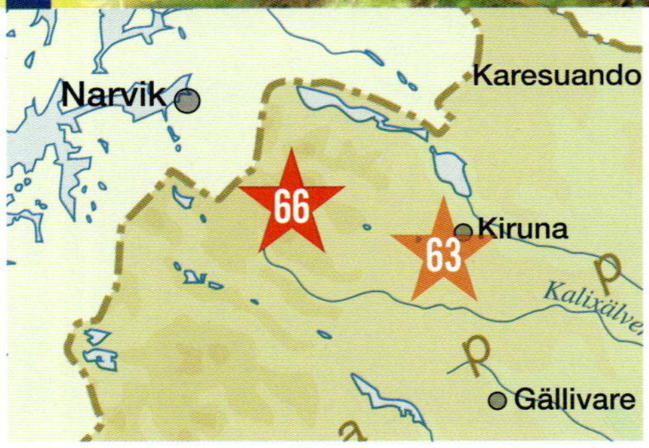

GPS: 67° 54' N, 18° 31' O

66 Muddus-Nationalpark

Circa 40 Kilometer nördlich von Jokkmokk liegt der 1942 gegründete Muddus-Nationalpark. Ursprünglich ins Leben gerufen, um den damals bedrohten Singschwan zu schützen, liegt der Schwerpunkt des heutigen Schutzes auf dem 700 Jahre alten Kiefernbestand. Seen, Moore, Wälder, eine artenreiche Pflanzen- und Vogelwelt sowie ein 42 Meter hoher Wasserfall machen den abwechslungsreichen Nationalpark sehenswert.

2

1: Waldrentiere im Muddus.
2: Holzpfade schützen die Pflanzenwelt des Muddus.
3: Die weite Landschaft Lapplands lädt zum Wandern ein.
4: Blick auf das Kebnekaisemassiv. Der Kebnekaise ist mit 2105 Metern der höchste Berg Schwedens.

www.sverigesnationalparker.se/de

3

4

Register

Seite

Abisko-Nationalpark .127
Ales Stenar .30
Altstadt, Stockholm .78, 79
Arvidsjaur .128, 129
Åsnen-Nationalpark .22/23, 52
Astrid Lindgrens Värld .58, 59

Birka .14
Björnlandet-Nationalpark .127
Bödabukten .46
Borensberg .110
Borgholm .44, 45
Bosjökloster .36, 37
Brändaholm .41
Bullerbü .58
Burg Eketorp .49

Carl-Larsson-Haus .122, 123

Dalälven .10/11
Djurö-Nationalpark .104
Dragsö .41
Dramaten, Stockholm .86, 87

Eisfischen .103
Eksjö .56, 57

Falsterbo .26, 27, 29
Falun .124
Fårö .43
Festung Waxholm .96
Fiskebäckskil .69

Gamla stan .78, 79
Gibberyd .14, 23, 59
Glasbläserei .61
Götakanal .98, 100, 110, 111
Göteborg .64, 65, 98
Gotland .14, 15, 22, 42, 43
Gröna Lund .89
Grundsund .23

Håverud-Aquädukt .105
Helsingborg .34
Himmelsberga .48
Höllviken .28, 29

Insel Björkö .14
Insel Djurgården .77, 89, 91, 93
Insel Häròn .68
Insel Skeppsholmen .76–97
Insel Tjörn .68

Jät .53
Jokkmokk .130, 131
Jönköping .60
Junibacken .77, 88

Seite

Kalmar .50, 51
Karlskrona .40, 41
Katarinakyrka, Stockholm .79
Kebnekaise .14, 15, 133
Kiruna .125
Kiruna .126, 127
Klarälven .14
Königliches Schloss .15, 77, 80–82
Kosta .61
Kosterhavet-Nationalpark .20/21, 74, 75
Kosterfjord .75
Kullaberg .8, 32, 33

Langer Jan .49
Lappland .16, 126–130, 133, 136
Lappstaden .128
Linköping .112
Listerlandet .38
Luleåälv .130
Lummelundagrottan .43
Lund .35

Mälaren .14, 76, 98, 116
Malmö .22, 25
Mariefred .98/99, 116, 117
Marstrand .66–68
Matvik-Naturreservat .9
Midsommar .9–11, 118, 119
Mjörnsee .103
Mölle .32, 33
Motala .110
Muddus-Nationalpark .16, 127, 132, 133

Nordisches Museum, Stockholm .77
Norrköping .113
Nyköping .114

Öland .22, 23, 44–49
Örebro .106, 107
Öresundbrücke .22, 24
Orrefors .61
Östermalm .6/7, 77, 84–87

Padjelanta-Nationalpark .127
Pieljekaise-Nationalpark .127
Prästtjärn .126/127

Rättvik .9, 99, 120
Riddarholmskyrkan, Stockholm .77, 83
Rök .15
Ronneby .39
Rönning .68

Saluhallen, Stockholm .86, 87
Sarek-Nationalpark .126
Schloss Glimmingehus .31
Schloss Gripsholm .116, 117

Seite

Segelschiff Chapman Stockholm .78
Sevedstorp .58
Siljansee .98, 99, 120, 121
Skanör med Falsterbo .26
Skansen .77, 92, 93
Småland .14, 23, 50, 52, 54, 55, 61
Smålands Schärengarten .54, 55
Smögen .17, 70, 71
Smygehamn .29
Smygehuk .29
Södermalm .79
Stabkirche Hedared .102
Stockholm .6/7, 14, 15, 76–97, 126
Stockholmer Schärengarten .12/13, 94–97
Stora-Sjöfallet-Nationalpark .127
Storkyrkan, Stockholm .77
Stortorget, Stockholm .78
Strandvägen, Stockholm .6/7, 77, 86, 87
Sundborn .122, 123
Svartån-Fluss .106, 107

Tällberg .121
Tändsticksmuseet .60
Tanum .5, 14, 72, 73
Tiveden-Nationalpark .101
Trelleborg .29
Trollhättan .100
Trosa .17, 99, 115
Tylösand .62, 63
Tyresta-Nationalpark .94/95, 126
Tyska Kyrkan, Stockholm .77, 79

Vadstena .18/19, 108, 109
Vadvetjåkka-Nationalpark .127
Vänern .14, 15, 98–100, 104
Vasa Museet .77, 90, 91
Västervik .55
Vättern .13, 18/19, 108–110
Victoriadagen .44, 45
Vimmerby .58, 59
Visby .22, 42, 43
Vitlycke-Museum .72

Wachablösung .82
Westküste .68, 69

Ystad .29

100 km
Europäisches Nordmeer
Nordsee
Ostsee
Skagerrak
Kattegat
Bottnischer Meerbusen
NORWEGEN
SCHWEDEN
FINNLAND
ESTLAND
LETTLAND
LITAUEN
DÄNEMARK
Lappland
Norrbotten
Västerbotten
Ångermanland
Jämtland
Härjedalen
Dalarna
Uppland
Värmland
Dalsland
Småland
Gotland
Öland
Åland
Mälaren
Vänern
Vättern
Kalixälven
Torneälven
Umeälven
Ångermanälven
Ljungan
Ljusnan
Klarälven
Gavleån
Narvik
Karesuando
Kiruna
Gällivare
Jokkmokk
Bodø
Rovaniemi
Haparanda
Töre
Luleå
Arjeplog
Arvidsjaur
Tärnaby
Storuman
Oulu
Skellefteå
Lycksele
Åsele
Umeå
Strömsund
Trondheim
Åre
Östersund
Brunflo
Sollefteå
Örnsköldsvik
Ålesund
Härnösand
Östavall
Sundsvall
Linsell
Sveg
Ljusdal
Hudiksvall
Tampere
Bollnäs
Söderhamn
Lillehammer
Mora
Rättvik
Bergen
Gävle
Turku
Helsinki
Borlänge
Ludvika
Avesta
Oslo
Norrtälje
Kapellskär
Uppsala
Tallinn
Arvika
Västerås
Stockholm
Stavanger
Fredrikstad
Karlstad
Eskilstuna
Örebro
Katrineholm
Södertälje
Strömstad
Säffle
Nynäshamn
Mellerud
Mariestad
Nyköping
Norrköping
Vänersborg
Lidköping
Motala
Kristiansand
Uddevalla
Skövde
Linköping
Trollhättan
Gränna
Jönköping
Västervik
Visby
Göteborg
Borås
Eksjö
Vimmerby
Kungsbacka
Vaggeryd
Oskarshamn
Riga
Aalborg
Varberg
Värnamo
Falkenberg
Växjö
Kalmar
Halmstad
Tingsryd
Båstad
Hässleholm
Karlshamn
Karlskrona
Helsingborg
Kristianstad
Åhus
Kopenhagen
Lund
Simrishamn
Malmö
Trelleborg
Ystad

Impressum

BUCHGESTALTUNG
SILBERWALD
Agentur für visuelle Kommunikation, Rimpar

KARTE
Fischer Kartografie, Aichach

Printed in Italy
Repro: Artilitho snc, Lavis-Trento, Italien
Druck/Verarbeitung: Grafiche Stella srl, Verona, Italien

ISBN 978-3-8003-4927-2

UNSER GESAMTES PROGRAMM:
www.verlagshaus.com

BILDNACHWEIS
S. 102 oben: Wikimedia Commons, Jürgen Howaldt, Lizenz cc-by-sa 3.0.

Beim Wandern durch die unendlichen Weiten Lapplands genießt der Autor die Abgeschiedenheit in der grandiosen Wildnis des hohen Nordens.